LE PÉROU

ET

L'INFLUENCE EUROPÉENNE

Bien qu'éloigné de trois mille lieues de notre hémisphère et placé de l'autre côté du continent américain, le Pérou attire puissamment l'attention de l'Europe par sa richesse proverbiale, la beauté de sa nature et l'hospitalité de ses mœurs. Si les intérêts européens ont à se louer de la part que leur donne un pays si privilégié, de leur côté les habitants du Pérou doivent voir sans jalousie la légitime influence de la civilisation européenne. Au Pérou, des lois libérales font appel aux hommes entreprenants de l'Europe et leur offrent, en échange de travaux utiles, la fortune, la haute position, et toute espèce de considération sociale ; la faveur de l'opinion accompagne celle des lois et, grâce aux mœurs d'une population douce et généreuse, les Européens cessent de regretter le sol natal et vivent heureux dans leur nouvelle patrie, alors qu'ils n'étaient venus au Pérou qu'avec la volonté positive de le quitter au bout de peu d'années.

Le Gouvernement n'a pas cessé de prodiguer aux personnes et aux biens des Européens la protection que leur accorde la libéralité des lois et dont l'opinion serait disposée à lui demander le compte le plus rigoureux. Bien loin de voir avec crainte grandir leur nombre et leur influence, il leur a confié l'enseignement, la direction des travaux publics, les a placés dans toutes les carrières de l'État et récompensé leurs services avec magnificence. Quand les Européens ont élevé quelques réclamations, il les a satisfaits sans marchander, bien que les demandes aient souvent dépassé les limites de la stricte justice. Le Gouvernement le plus libéral et doté des plus amples ressources, pourrait se faire honneur des mesures prises et des sommes employées au Pérou pour y attirer une abondante immigration, tantôt concédant *gratuitement* des terrains fertiles, tantôt payant les voyages, fournissant les frais d'établissement et accordant d'importants priviléges. Il y a plus de douze ans qu'on n'a pas cessé de donner des primes, des anticipations, des frais de transport et autres précieux avantages à diverses entreprises d'immigration établies soit par des Européens, soit par des Péruviens ; on a dépensé de grosses sommes dans la seule colonie de Pozuzo ; les Allemands, les Suisses, les Belges, les Irlandais, les Espagnols et en général tous les émigrants d'Europe ont été conviés à prendre leur part des offres avantageuses qui ont toujours été fidèlement remplies. Aujourd'hui même le Gouvernement péruvien s'occupe d'un contrat d'immigration basé sur les plus vastes proportions.

Dans ses relations internationales, le Pérou a non-seulement montré aux Gouvernements européens une déférence que conseillait sa position, mais encore il n'a cessé de leur donner les preuves les moins équivoques de sa cordiale sympathie. Les représentants de l'Europe ont trouvé au Pérou le meilleur accueil et la plus haute considération, bien que leurs Gouvernements ne les aient pas revêtus jusqu'ici d'un caractère diplomatique en rapport avec l'importance du Pérou comme nation, et avec le développement des intérêts européens. Dans toutes les questions internationales le Gouvernement du Pérou a procédé avec les mêmes égards, et nulle nation n'a porté plus loin la condescendance et la générosité dans le respect accordé aux personnes et la protection donnée à leurs intérêts.

Dans le dernier traité avec la France non-seulement on a introduit les principes les plus larges qui sont la base de la législation du Pérou dans ses relations générales, mais encore on a admis, sans condition, tout ce que la France a indiqué comme étant de nature à cimenter l'amitié entre les deux nations et à fomenter leur commerce.

De son côté, depuis que la proclamation de son indépendance fit entrer le Pérou en relation plus intime et plus fréquente avec l'Europe, il en a retiré des avantages inappréciables. La facilité d'exportation que le commerce a procurée aux marchandises péruviennes a imprimé à la production un développement inespéré, et on a pu utiliser sur une échelle importante des produits qui auparavant étaient d'un usage très-limité. La culture du coton, de qualité supérieure, augmente de jour en jour ; les laines s'exportent en grande quantité ; l'extraction du huano s'élève en moyenne à 75,000,000 de francs ; celle du salpêtre qui pendant les dernières années a été de 28 à 30,000,000 de francs, paraît devoir atteindre rapidement le même chiffre ; chaque jour on utilise des produits dont la valeur était jadis presque inconnue dans le pays, ainsi qu'il arrive pour le Borax.

Au reste, le progrès non interrompu du commerce est la preuve la plus claire de la confiance et de la solidité des relations avec l'Europe. En nous bornant aux deux nations principales nous voyons qu'en Angleterre l'importation péruvienne s'est élevée, en 1856, comme suit : Borax, 2,800 liv. sterl. ; coton, 4,300 liv. sterl.; cuirs, 1,400 liv. sterl.; salpêtre, 220,000 liv. sterl.; laine de mouton, 111,300 liv. sterl. — En 1860, Borax, 116,500 liv. sterl.; coton, 42,900 liv.

sterl.; cuirs, 14,500 liv. sterl.; salpêtre, 446,000 liv. sterl.; laines, 145,600 liv. sterl. En France l'importation qui, en 1856, avait été de 16,300,000 francs, s'est élevée en 1860 à 18,717,000 francs, et elle eût dépassé 25,000,000 de francs si la consommation du huano n'eût diminué d'environ 20,000 tonnes; l'exportation des articles français pour le Pérou, qui était en 1856 de 23,200,000 francs, est montée en 1860 à 44,101,000 francs.

En examinant cet accroissement inouï on doit remarquer que, pendant que l'importation des marchandises péruviennes s'augmentait en France seulement de 2,417,000 francs, l'exportation française pour le Pérou s'accroissait de 21,000,000 de francs, preuve évidente de l'énorme importance que prend au Pérou la consommation des articles français et de la sécurité pleine d'avantages qu'y rencontrent les capitaux. En 1860, le commerce du Pérou avec l'Europe a dépassé 260,000,000 de francs et le commerce total a été de 350,000,000 de francs.

Ce grand développement du commerce, qui est aujourd'hui dix fois plus considérable qu'aux moments les plus prospères de l'époque coloniale, a naturellement augmenté la fortune publique et privée. Le recoin le plus obscur de la République a vu s'accroître son bien-être; le dernier des habitants a éprouvé une amélioration dans son vêtement, son habitation et sa nourriture. Les principales populations connaissent les progrès de la civilisation, et la capitale de la République rivalise en luxe et en confort avec celles du vieux monde. Le bien-être a amené l'augmentation de la population qui s'est accrue d'un tiers en moins de quarante ans. Lima, qui a pris part à cet accroissement d'habitants, s'est en outre enrichie d'œuvres monumentales, et les édifices privés ont éprouvé une rénovation presque complète. Le Callao a remplacé ses cabanes misérables par de nombreuses constructions dignes du premier port de la République et d'une population de 25,000 habitants. La ville de Tacna s'est transformée d'une manière non moins admirable. L'augmentation incroyable des vignobles d'Ica y a fait naître toutes les améliorations qui sont la conséquence de l'opulence et des faciles débouchés. On peut en dire autant de Moquegua, Lambayeque, Chiclayo, Huancayo, Tarma, Cajamarca, Arequipa, Puno et autres villes.

Le même progrès se fait ressentir dans les campagnes ; dans un grand nombre de provinces la valeur des terres a doublé et aujourd'hui une parcelle d'Hacienda se vend plus cher qu'autrefois l'Hacienda tout entière. Grâce à ces avantages, l'agriculture a continué à grandir sans être éprouvée par l'abolition de l'esclavage que le Gouvernement, pressé par l'opinion publique, décréta subitement en 1854. Certes, cette abolition était un devoir d'humanité et honore hautement l'époque actuelle ; mais si l'agriculture n'eût pas été aussi prospère, elle aurait pu voir renverser tous ses calculs, et succomber sous le double choc du manque inattendu des 20,000 bras que lui assurait l'esclavage, et de l'augmentation qu'éprouvèrent les journées par suite de la liberté du travail.

Le progrès moral n'est pas inférieur aux améliorations matérielles. En dehors des sommes énormes dépensées par les particuliers, l'État consacre à l'instruction publique 5 millions de francs par an ; ce chiffre qui équivaut à la vingtième partie du budget, est comparativement quatre fois plus fort qu'en France où l'enseignement ne jouit que d'une allocation de 25 millions de francs sur un budget de 2 milliards, et cependant la France est un des pays qui protègent davantage l'instruction publique. Chaque village au Pérou a son école gratuite, presque tous les chefslieux ont des colléges de second degré ; plusieurs départements, des établissements universitaires. Lima est dotée d'universités, de colléges, d'écoles de tous degrés et d'établissements consacrés à l'enseignement des arts, à l'instruction militaire et navale et à d'autres branches spéciales. On vient, en outre, d'assurer au professorat la garantie de fonction publique ; de sorte que les professeurs, sûrs désormais de leur position d'activité et de retraite, pourront se consacrer exclusivement à l'enseignement. Les publications périodiques et les œuvres de tout genre, dont le nombre augmente avec une étonnante rapidité, éclairent le pays, tantôt en vulgarisant les découvertes les plus récentes, tantôt en introduisant les meilleures méthodes dans l'enseignement public et privé.

Le mouvement littéraire qui fait autant d'honneur à l'intelligence des Péruviens qu'à la protection éclairée du Gouvernement, a pris dans ces dernières années cette tendance pratique de vues élevées et d'études consciencieuses qu'on rencontre seulement chez les peuples avancés qui aspirent à se mieux connaître pour se conduire avec plus de sagesse. Il est vraiment à remarquer combien d'œuvres ont été publiées dernièrement ou sont en voie de publication, traitant de l'histoire, de la géographie, de la statistique, de la législation et de la littérature du Pérou.

On a, depuis dix ans, quant à ce qui concerne l'ordre judiciaire, mis en vigueur des codes nationaux dans la rédaction desquels on a combiné, en les harmonisant avec l'état social du pays, les principes de la législation romaine, les bonnes lois coloniales et les codes français. Les tribunaux ont été multipliés et ont reçu l'organisation nécessaire, de manière que la justice puisse être rendue partout avec rectitude et rapidité par le juge de paix, le tribunal de première instance, la cour supérieure, la suprême et autres tribunaux spéciaux suivant la nature des causes. Depuis dix ans on a créé quatre cours supérieures et doublé le nombre des juges de première instance.

Le système d'emprisonnement va subir une réforme

inappréciable par l'établissement du pénitencier de Lima, — édifice somptueux qui est terminé et qui a coûté près de 5 millions de francs,—et par l'adoption d'autres mesures que le progrès de l'administration judiciaire a introduites dans les pays les plus avancés. D'un autre côté, la statistique criminelle a prouvé, ainsi qu'on devait l'attendre de l'augmentation des lumières et du bien-être, que l'état de la moralité publique est chaque jour plus satisfaisant; le Pérou peut soutenir sans désavantage la comparaison avec les pays où la culture sociale et le respect à la loi rendent les crimes moins fréquents. Nous sommes heureux de trouver la confirmation de ce progrès dans le témoignage respectable du président de la cour suprême de Lima, Don Juan A. Ribeiro qui s'exprimait ainsi dans son discours solennel d'ouverture des Tribunaux:

« En dépit des clameurs mal fondées de quelques
» misanthropes pessimistes, les crimes, heureusement
» pour nous, n'atteignent pas le nombre excessif
» qu'une opinion erronée leur a attribué, et ne pré-
» sentent pas non plus la gravité et l'atrocité qui est
» leur caractère dans d'autres pays. La mansuétude
» de nos populations qui n'a pu être atteinte par les
» rudes épreuves d'une révolution profonde et radi-
» cale, est une des causes qui ont influé le plus puis-
» samment sur le bien-être de notre société naissante.
» Il n'y a donc pas de proportion entre le chiffre de
» la population du pays et celui des délinquants.

» Grâce aux efforts de nos fonctionnaires adminis-
» tratifs, bien loin d'être mauvaise, notre situation est
» calme et prospère : c'est à leur dévouement que
» nous devons de jouir d'une sécurité et d'une con-
» fiance qui ne sont d'ordinaire que le fruit de lon-
» gues années d'ordre, d'étude et de persévérance. »

L'administration s'efforce aussi de doter le Pérou, à tout prix, de grandes améliorations dans toutes les branches du service public. Dans ce pays où les voies de communication sont si nécessaires et où l'on se trouve en face des tremblements de terre, des tempêtes de la Cordillière et de la puissance gigantesque de la végétation intertropicale, on ouvre de nouvelles routes jusque dans la profondeur des forêts ; trois chemins de fer sont déjà terminés, deux autres vont être commencés, et quelques autres encore, qui sont à l'étude, centupleront les forces productives, et, raccourcissant les distances, donneront à l'action administrative comme à l'action individuelle une fécondité inconnue jusqu'ici.

La construction de môles au Callao, à Pisco et dans d'autres ports, a facilité les relations maritimes dont l'importance est si grande sur une côte de plus de sept cents lieues, d'un accès facile presque partout et baignée par une mer paisible. En même temps que le cabotage s'est développé sur une grande échelle et qu'un commerce actif s'est établi avec la Chine, on a créé une marine nationale de guerre qui est la première du Pacifique et qui compte huit vapeurs et divers bâtiments à voiles et pontons. On construit dans les arsenaux d'Angleterre six vapeurs que le Gouvernement destine à naviguer le Titicaca et à explorer les principaux affluents de l'Amazone, dans le but d'ouvrir au commerce ces contrées vierges qui renferment d'innombrables richesses. Depuis quelques années, le Pérou paye une subvention annuelle de 200,000 francs à une entreprise dont les vapeurs parcourent mensuellement l'Amazone entre le Para et Loreto. Il a dernièrement accordé de grands priviléges et de puissants secours à une autre compagnie qui se proposait de développer le commerce de cabotage. Les vapeurs anglais du Pacifique ont été subventionnés dès leur établissement. En dehors de ces mesures particulières, le Gouvernement ne cesse de donner la preuve des sentiments les plus libéraux en faveur du commerce. Les riches produits du sol ne payent aucun droit d'exportation ; plusieurs articles d'importation entrent librement, et les tarifs témoignent d'une tendance constante à leur abaissement, de sorte que la liberté commerciale est, dès aujourd'hui, le principe dominant ; les droits qui subsistent encore, sont généralement moindres qu'en aucun autre pays.

La force publique reçoit chaque jour une organisation meilleure : l'armement se maintient à la hauteur des progrès de l'art militaire ; l'armée s'élève, en temps de paix, à 10,000 hommes, sans compter la gendarmerie qui répond aux nécessités de la politique soit dans la capitale, soit dans les provinces.

Le Pérou donne à ses relations extérieures la stabilité et l'extension qui sont le propre des États fortement constitués, et qui possèdent de puissants moyens d'action. En outre des nombreux traités et conventions par lesquels il a étendu, dans ces dernières années, son rayonnement extérieur, il augmente de jour en jour son personnel diplomatique et consulaire et, pour mieux assurer le service, il a élevé leur carrière au rang de fonctions publiques.

Le budget pour l'exercice de 1861 et 62 donne une idée abrégée, mais éloquente, des progrès administratifs du Pérou. Sans descendre à des détails dont la spécification ferait mieux remarquer cette heureuse tendance, les chiffres suivants parleront assez clairement :

Pouvoir exécutif.	910,000 fr.
Chambres législatives.	2,565,000
Commission des codes.	255,000
Ministère des relations extérieures.	280,000
Corps diplomatique et consulaire.	1,500,000
Ministère de l'intérieur.	260,000
Ministère de la justice, de l'instruction et de l'assistance publique.	265,000
Administration départementale.	1,495,000
Administration de la justice.	6,870,000
Instruction publique.	8,010,000
Travaux publics.	20,040,000
Culte.	2,420,000
Postes.	1,315,000
Police.	2,480,000

Bienfaisance.....................	1,995,000
Guerre et marine................	50,000,000
Service de la dette.............	49,895,000
Administration des finances.....	5,850,000
Pensions et retraites...........	2,250,000
Frais divers....................	5,810,000
	164,555,000 fr.

Les 49,895,000 francs indiqués pour le service de la dette font connaître le zèle scrupuleux avec lequel le Pérou remplit ses engagements. 210,000,000 de fr. ont été amortis pendant les dix dernières années, la dette intérieure est actuellement de 33,000,000 fr., et celle extérieure de 90,735,000 fr., qui seront éteints dans peu d'années.

Des résultats aussi concluants donnent en même temps la mesure des honorables aspirations du Pérou et celle de ses ressources. Et qu'on ne croic pas que ces dernières dépendent exclusivement du huano, dont on peut tirer encore plus de trois milliards de francs.

Quand le huano sera épuisé, le Pérou compte sur les salpêtrières qui recouvrent des provinces entières et se renouvellent peu après l'extraction ; sur les salines qui lui offrent, soit sur la côte, soit dans le sein des montagnes, un trésor inappréciable ; sur ses minerais précieux dont l'exploitation est presque intacte sur une grande partie du territoire, malgré les milliards déjà produits ; sur l'immense fécondité de ses forêts, sur d'autres grandes propriétés de l'État et sur les revenus communs à tous les peuples. Aujourd'hui les contributions sont presque nominales, et l'augmentation de la prospérité publique est si grande que si, dans quelques années, on devait faire appel à cette ressource, elle donnerait un revenu supérieur à celui que le huano fournit actuellement.

On est bien forcé d'avouer que l'administration du Pérou laisse encore beaucoup à désirer ; mais loin de donner à cette imperfection le caractère d'une imputation grave, l'homme impartial s'étonnera des pas gigantesques qu'a faits cette administration malgré sa lutte contre les obstacles les plus puissants. Pour s'exercer avec régularité et continuité sur la surface de toute la République, l'action administrative doit déployer les plus grands efforts. Le pays est très-vaste, les distances du centre aux extrémités sont très-considérables, les communications entre la côte et l'intérieur sont très-difficiles, la population est peu nombreuse et généralement clair-semée ; soit par suite d'un état social antérieur, soit par la situation respective des races, une grande partie des habitants ne coopèrent que bien faiblement à la pensée réformatrice du Gouvernement. Les hommes qui pourraient seconder l'administration manquent sur plusieurs points. On sait d'ailleurs qu'il n'est pas possible d'improviser une bonne marche administrative dont le premier besoin est d'avoir des traditions ; il en résulte que plus d'une fois des aspirations téméraires se substi-

tuent aux lumières de l'expérience, et que des sentiments plus ou moins énergiques prennent la place que
devait occuper le bon sens. Toutefois, cet inconvé-
nient, dont les pays les mieux administrés ne peuvent
se préserver entièrement, disparaît rapidement grâce
au zèle persévérant qu'on apporte au service public,
grâce aussi à la stabilité et aux garanties dont on
entoure les emplois. Il faut y ajouter encore le soin
spécial avec lequel, soit au moyen de l'enseignement
facultatif, soit en étudiant les procédés qui ont le
mieux réussi dans les pays les plus avancés, on cher-
che autant que possible à rapprocher l'administration
de l'organisation la plus recommandée par la science
et les nécessités actuelles.

Malheureusement, la situation politique du pays ne
permet pas toujours que les améliorations s'établis-
sent avec la promptitude et la solidité que le Gouvernement et l'opinion publique réclament d'un com-
mun accord. Le Pérou a dû se ressentir pendant longtemps de la lutte violente qu'il eut à soutenir pour
conquérir son indépendance. Pendant la guerre de
l'émancipation non-seulement il eut à supporter le
choc impétueux des passions exaltées par un conflit
qui affectait à la fois l'intérieur et l'extérieur, mais
encore son immense poids dans la balance de l'Amérique du Sud le rendit le théâtre où vinrent se heur-
ter toutes les influences de la Péninsule et les efforts
réunis des Américains, jusqu'au jour où l'Amérique

obtint enfin un triomphe définitif en remportant la glorieuse victoire d'Ayacucho.

La victoire ne pouvait donner immédiatement au Pérou le calme qu'eût nécessité son entrée dans la vie politique. Les passions locales étaient surexcitées ; les idées étaient troublées par l'exaltation dangereuse que produit l'inexpérience ; des ambitions bâtardes, et pour la plupart étrangères, venaient porter le désordre dans les aspirations les plus paisibles du pays ; la prédominance de l'élément militaire, les témérités politiques de statisticiens étrangers à la pratique gouvernementale et le manque d'éléments conservateurs rendirent la vie de la République très-orageuse dans les premières années. Des révoltes intérieures, des guerres avec d'autres États, des conspirations répétées, des coups d'État sans objet, et des essais mal conçus de reconstitution divisèrent l'opinion, morcelèrent l'action politique et entravèrent par-dessus tout la marche des lois ; mais il y a plus de quinze ans que le Pérou est constitué solidement. L'agitation avait été trop forte et a duré trop longtemps pour que ces symptômes aient disparu complétement ; mais bien que le calme ne soit pas parfait encore, on a fait déjà au point de vue politique des progrès aussi importants qu'au point de vue administratif.

L'amour que l'on porte aux institutions établies est général et profond. Les noms de patrie et de liberté sont identiques dans la conscience de la population ;

la jeunesse est imbue de sentiments démocratiques qui satisfont ses aspirations. Dans la société entière les intérêts créés, les idées accréditées et l'ordre établi sont tellement en harmonie avec les institutions, qu'aucun parti n'ose attaquer l'organisation républicaine et que nulle force étrangère ne pourrait la menacer sans révolter tous les instincts de patriotisme, et compromettre profondément la prospérité du pays et les intérêts étrangers.

Le sentiment de l'autonomie a suivi la même marche que l'amour pour les institutions, et ses fondements, qui viennent des temps éloignés, sont encore plus profonds. Accoutumé à exister comme nation indépendante depuis les premiers Incas, le Pérou compte déjà plus de siècles de vie nationale que la plupart des États de l'Europe. La conquête elle-même ne peut rompre l'unité du Pérou, et l'influence de la tradition, de la grandeur et des tendances locales fut si puissante que les conquérants eux-mêmes furent sur le point d'en faire un État indépendant. La Cour ne put imposer le joug colonial qu'en promettant au pays qu'il serait gouverné conformément aux vœux de ses habitants. Comme on devait le craindre, la métropole ne remplit pas fidèlement ses devoirs ; mais la force des choses, plus puissante que la volonté des hommes, fit jouir les Vice-Rois d'une autorité presque absolue. Les mœurs, les nécessités et les aspirations locales ne purent se soumettre aux ordres de la Cour, et en réalité on vit le Pérou, soit dans sa marche intérieure et ses moyens de défense, soit dans tout son mouvement extérieur, agir comme un véritable royaume jouissant d'une existence propre. Dès le xvie siècle, sa vitalité extérieure fut si grande que ses ressources suffirent à préparer et à mener à bonne fin les expéditions mémorables de Mendaña et de Quiroz, qui découvrirent les vastes archipels de la Polynésie et plus spécialement les îles Marquises et Salomon. Dans le xviie siècle, alors que la décadence de la métropole la rendait le jouet des monarques de l'Europe et la forçait de laisser ses colonies sans défense, le Pérou arma à ses frais les flottes qui purgèrent le Pacifique des pirates qui l'infestaient. En même temps qu'il venait au secours des finances de l'Espagne, il envoyait sous le nom de *situados* des sommes considérables pour soutenir les garnisons du Chili, de Buénos-Ayres, de Panama et de Carthagène. Au xviiie siècle, sous l'habile administration du vice-roi Amat, on recommença à explorer l'Océanie et on projeta quelques établissements dans les îles de Otahiti comme étant l'escale la plus naturelle entre l'Amérique et l'Asie orientale.

De notre temps, pendant la simultanéité d'élan qui concentra au Pérou les efforts de toute l'Amérique du Sud pour conquérir son indépendance multiple, des chefs, revêtus d'un ascendant universel, tentèrent en vain de briser l'unité nationale. Elle a survécu à toutes les tentatives et, grandissant chaque jour, elle

est désormais à l'abri des attaques du temps. La ro-
buste vitalité du Pérou est à toute épreuve : les inva-
sions les plus formidables qu'on pourrait diriger
contre elle passeraient sans laisser d'autre trace que
le souvenir d'une calamité, et les éléments étrangers
que n'emporterait pas l'orage, s'assimileraient nécessairement à l'élément national. En prenant de son
autonomie un sentiment plus vif et une idée plus
nette, le Pérou s'est pénétré en même temps de l'ins-
tinct de l'ordre et d'aspirations pacifiques. Ceux qui
ne voient que la surface des choses et qui jugent d'a-
près la malheureuse succession de troubles qui ont
affligé la République, auront de la peine à nous croire;
mais ceux qui connaissent la marche intime du pays
et qui ont suivi ses améliorations progressives à tra-
vers les révolutions, sont profondément convaincus
que l'amour de l'ordre a jeté des racines vivaces.
D'année en année on remarque dans les commotions
politiques une durée moins grande ; elles s'isolent et
affectent moins le mouvement social. Sur les points
où l'action du Gouvernement se trouve affaiblie soit
par la distance, soit par quelque autre obstacle, le
sentiment de l'ordre suffit à conserver la paix ; les
institutions sont respectées en l'absence des manda-
taires; au moment même des conflits politico-mili-
taires, les intérêts de l'industrie, les méditations de
la science et les plaisirs publics suivent leur cours
comme si la tranquillité n'eût pas souffert d'altéra-

tion; après la victoire, les personnes et les propriétés jouissent de plus de respect qu'il ne leur en est accordé dans d'autres pays aux époques de calme complet.

La consistance politique, les améliorations administratives et les progrès de tout genre suivront au Pérou une marche ascendante tant que rien ne viendra troubler l'harmonie entre l'influence européenne et le développement spontané du pays. Mais si des inspirations du moment ou des calculs mal conçus venaient à contrarier l'un de ces deux grands principes de progrès, — bien qu'une aussi déplorable tentative dût finir par un avortement, — la prospérité admirable du Pérou n'en serait pas moins frappée au détriment des nationaux et des étrangers.

On peut être convaincu que jamais cela n'arrivera.

Le projet insensé de soustraire le Pérou à toute influence européenne ne pourrait être conçu que par des esprits sans prévoyance et sans portée. L'unique résultat que produiraient de semblables mesures serait de priver le pays d'une partie des éléments puissants qui forment son bien-être et sa grandeur. On verrait s'arrêter l'accroissement de la population qui est la première condition du progrès agricole dans un pays à la fois si richement doté, si vaste et si peu peuplé. Cette diminution entraînerait celle des lumières, du sens pratique, des habitudes industrielles et autres principes d'activité sociale qui sont la conséquence d'une immigration faite dans de bonnes conditions, et nuirait à l'intimité et à la cordialité du contact avec les peuples d'une civilisation avancée. Si l'absence de concurrence pouvait sourire un moment aux esprits égoïstes, on aurait bientôt à déplorer les pertes causées à chacun par les obstacles mis à la conservation et l'extension des relations internationales. Le commerce déclinerait rapidement, et l'abaissement des exportations tarirait toutes les sources de production, et ne permettrait plus de suffire aux besoins que la civilisation rend chaque jour plus impérieux.

Si l'isolement était possible, il entraînerait fatalement après lui la faiblesse, l'ignorance, la misère et tous les désordres qui sont le cortége obligé d'une situation aussi triste. Mais de nos jours l'isolement n'est plus possible pour les nations comme le Pérou, qui sont entrées avec le reste du monde civilisé dans une communion intime d'idées, d'intérêts et de jouissances. L'Europe qui a tant fait pour ouvrir à son commerce les portes du Japon et de la Chine, ne se résignerait par aucun motif à se voir fermer celles du Pérou d'où elle tire tant d'éléments précieux pour son industrie, où elle a créé de vastes relations et où elle doit protéger des intérêts qui lui sont chers. Elle serait donc tentée à considérer tout obstacle mis à la légitime influence de sa civilisation, comme un effort impuissant de malveillance dirigé contre elle. En général toute manifestation anti-européenne donnerait une idée peu favorable de l'état de la culture des esprits ; mais en même temps elle exalterait les passions aveugles, se traduirait en attaques odieuses contre les personnes et les biens des Européens, et attirerait sur le pays une tempête dont il n'est nullement menacé aujourd'hui.

D'une autre part, des gouvernements sans prévoyance pourraient seuls penser imposer au Pérou une situation en désaccord avec son mouvement spontané. En vérité, quand on considère les préjudices qu'entraînerait une intervention européenne et la nullité de ses résultats, il est impossible de croire aucun homme d'État disposé à la conseiller. Le premier effet d'une attaque à l'autonomie du Pérou, serait, sans aucun doute, de compromettre les immenses intérêts européens qui s'y épanouissent en toute sécurité. Le Pérou affecte annuellement au paiement de ses dettes d'Europe une somme de vingt millions de francs et sa solvabilité et sa bonne foi ont assis son crédit si bien au niveau de celui des nations les plus respectées, que son 4 1/2 p. 100 a été coté à Londres plusieurs fois au-dessus du pair. Son commerce avec l'Europe, comme nous avons dit, n'est pas moindre de 260 millions de francs. Les capitaux européens qui vont de préférence au Pérou y chercher un emploi, y trouvent la rémunération régulière d'un intérêt élevé. En outre, soit en Europe, soit au Pérou, la subsistance et l'avenir d'un grand nombre de personnes dépendent des relations pacifiques dont l'harmonie, pour cela même, ne doit pas être troublée. On ne peut se faire une idée exacte des intérêts européens engagés au Pérou sans en faire une étude spéciale. C'est ainsi que, tout d'abord, on ne pourrait croire que la France et l'Angleterre entretiennent avec le Pérou un commerce plus considérable qu'avec la Suède, le Portugal, l'Autriche, le Danemark, et autres nations importantes de l'Europe. Le Pérou occupe le dix-huitième rang parmi les trente-sept pays principaux qui commercent avec la France et le onzième sur les soixante-quatorze qui trafiquent avec l'Angleterre. Ce commerce est d'autant plus avantageux pour l'Europe, que tout le produit du huano, du salpêtre, des métaux précieux, des laines et autres articles péruviens qu'elle consomme, au lieu de se solder en numéraire, est employé à l'achat de marchandises manufacturées, ce qui donne une impulsion incalculable à l'industrie européenne. Le mouvement maritime que l'exportation du Pérou produit en Angleterre, est inférieur, seulement dans quelques années, à celui des dix puissances les plus commerciales du monde, et en 1860, — une des années les plus faibles de la dernière période quinquennale, — il a occupé 208 navires jaugeant 125,500 tonneaux.

Une intervention armée soulèverait nécessairement tous les instincts patriotiques et ferait naître toute espèce de résistance. Le déchaînement des passions, l'engourdissement des affaires et la paralysie de l'industrie causeraient immédiatement aux Européens d'irréparables dommages que nul avantage ne pourrait compenser. L'agression laisserait sans aucun doute après elle des haines, des rancunes, et des craintes qu'il n'est pas permis de provoquer dans un pays d'un aussi grand avenir qu'est le Pérou, sans contracter envers les générations futures la plus grave responsabilité.

Tout en causant d'aussi grands désastres, l'intervention n'atteindrait pas son but. S'il est impossible, dans un pays qui a le respect de lui-même, d'implanter des institutions par la force des armes étrangères, à plus forte raison le Pérou qui, dans son existence séculaire comme empire, comme royaume, comme république, s'est imbu du sentiment vivace de son autonomie, repousserait-il fortement tout gouvernement qui serait fondé par une intervention armée. L'amour pour les institutions efface les différences de parti, et les dissensions créées par des divergences de principes ou par des sympathies personnelles s'évanouiraient devant la grande pensée de la défense de la liberté et de l'indépendance ; toute aspiration particulière se trouve petite, et tout désaccord de localité disparaît en présence du but élevé qu'appuie l'unanimité des vœux.

Au surplus, si les grandes puissances de l'Europe pouvaient dominer à l'aide de leurs armées et de leurs flottes, les eaux paisibles et la côte ouverte du Pérou, il leur serait bien plus difficile d'occuper l'intérieur avec tranquillité. Chaque coupure de la Cordillère est un défilé ; les hauts plateaux eux-mêmes abondent en positions inexpugnables, et, une fois devenue populaire, la résistance pourrait se prolonger indéfiniment.

Après s'être consumée en inutiles efforts, l'Europe comprendrait que l'immense éloignement, l'énergie des influences locales et la puissance d'assimilation que le Pérou a exercée sur tous les envahisseurs, font perdre aux institutions étrangères le caractère qu'on prétend leur imprimer, et les forcent à venir se mouler sur les volontés du pays. Cette conviction acquise, les puissances intervenantes abandonneraient une entreprise aussi vaine que nuisible.

Sans même s'appesantir sur l'utilité ou les désavantages de l'intervention, tout homme sensé se garderait de la conseiller par la considération du peu d'importance des motifs. On ne peut qu'alléguer des prétextes futiles pour intervenir au Pérou ; l'anarchie qu'on lui impute, l'excitation causée par les événements de Mexico et quelque provocation de la presse.

Les révoltes qui ont affligé le pays pendant un temps, et ce que l'administration peut avoir de relativement arriéré, ne sont que des accidents passagers, et trouveront un remède naturel et certain dans le progrès spontané du pays. Les causes qui les ont fait naître et qui les maintiennent ne disparaîtraient pas par le fait d'un changement de gouvernement imposé par la force. Le manque de population, l'antique abaissement de quelques races, la difficulté des communications et les autres obstacles qui ont empêché le Pérou, jusqu'ici, d'élever ses progrès au niveau de l'immensité de ses ressources, se dresseraient avec plus d'énergie contre l'action d'un gouvernement dont la forme serait moins en harmonie avec l'opinion, les intérêts et les aspirations du pays.

Loin de s'irriter de la vive alarme que l'intervention au Mexique a produite au Pérou, l'homme réfléchi doit être disposé favorablement pour un pays qui sent sa dignité nationale, qui ne reste pas indifférent aux vicissitudes de contrées, éloignées il est vrai, mais qui lui sont unies par une communauté de destinées, et qui, se croyant menacé sans motif, se montre d'autant plus susceptible qu'il était plus sincère dans les sympathies qu'il professait envers les nations dont il redoute quelque dommage. Toutefois, la réflexion commence à calmer ces vives impressions provoquées par des rumeurs sinistres et des apparences trompeuses grandies par la distance, et le Pérou, mieux éclairé sur les événements, les verra d'un œil plus tranquille. De simples réflexions feront comprendre que la modération, le respect d'autrui, le sentiment unanime et profond de son droit, la base solide de l'ordre social et les améliorations positives, sont des garanties plus sûres contre l'intervention, qu'une exaltation hors de propos.

Le bon sens du pays et la douceur du caractère national, qui sont des garants assurés contre toute imprudence qui provoquerait la colère de certaines nations puissantes, ne peuvent pourtant pas empêcher l'apparition dans les journaux, de quelques articles où les convenances ne seront pas gardées ; personne ne rendra le Gouvernement ni le peuple du Pérou responsables de ces excès. Les écrivains eux-mêmes n'ont pas tous compris le bon usage de la liberté de la presse ; quelques éditeurs de feuilles périodiques croient faussement n'avoir à encourir aucune responsabilité morale pour le contenu des *communiqués*, et s'imaginent que ni l'honneur, ni les intérêts du pays, ne peuvent souffrir de cette espèce de publication. Il s'ensuit que des écrivains, accoutumés à traiter les sujets avec la légèreté et l'exagération imprévoyante qu'on tolère dans l'intimité, aventurent sous le voile de l'anonyme, des appréciations dont ils ne mesurent pas la valeur. Le public, qui sait à quoi s'en tenir, ne leur accorde pas plus d'estime qu'ils n'en méritent, et ni les inconvenances de la forme, ni les erreurs du raisonnement ne produisent aucun effet dans le pays.

Désireux de tromper l'Europe, les malintentionnés qui sont toujours à la piste de délits, de fautes et de

légèretés ramassées partout au hasard, sans discussion et sans preuve, ne manqueront pas de se faire
des armes de ces articles obscurs, en les présentant
sans commentaires, et en leur donnant l'interpréta-
tion la plus défavorable.

Mais ni les hommes impartiaux, ni les gouvernements éclairés ne voudront se rendre complices d'un
procédé si indigne. Les uns et les autres jugeront le
Pérou sur des arguments plus solides, et, le voyant
tranquille, croissant en prospérité et disposé à traiter
les autres Gouvernements avec les égards qui leur sont
dûs, ils s'efforceront de resserrer les relations établies, et de rendre son union avec l'Europe plus intime et plus avantageuse. Le Pérou n'a besoin que
d'être mieux connu pour être apprécié ce qu'il vaut ;
c'est avec confiance qu'il peut appeler du juge-
ment de ceux qui l'accusent avec tant de légèreté,
au témoignage des hommes respectables qui l'ont
visité en passant, ou qui résident sur son sol hos-
pitalier.

Les faits dont la succession ne se dément point et
parle avec une évidence irrésistible, donnent à tout
observateur impartial la conviction de la prospérité
croissante du Pérou. Les améliorations de tout genre
apparaissent sur toute la surface de son vaste territoire, aussi bien dans la marche spontanée de la
société que dans l'action gouvernementale ; partout
on sent l'impulsion bienfaisante et les avantages de la

civilisation que la main prodigue de l'Europe verse sur le monde. Et cette réciprocité de services est d'autant plus satisfaisante, que sa durée est garantie par les immenses ressources du pays, par la consécration historique de son existence nationale, et par le désir aussi vif que sincère qu'éprouvent la nation et l'administration qui la représente, d'étendre à la fois et de resserrer, en les rendant plus féconds, les liens qui les unissent aux autres nations.

Mais il n'en serait pas moins déplorable pour le Pérou qu'une grave perturbation, bien que passagère, vînt interrompre le cours rapide de son progrès intérieur et troubler l'utilité de ses relations avec les puissances de l'Europe. L'exubérance des ressources se changerait en éléments destructeurs et rétrogrades, si, par une exaltation inconsidérée, le pays aspirait à un isolement impossible ; et les pertes de l'Europe seraient également incalculables, si dans l'oubli de tout droit, poussée par de frivoles intérêts et méconnaissant les calculs les plus simples, elle prétendait infliger au Pérou une intervention éphémère qui le priverait de la libre disposition de ses destinées en tant que nation souveraine et indépendante.

Nous le répétons avec la foi profonde que ni le temps, ni la discussion ne viendront nous démentir : plus on apportera de scrupuleuse attention à l'examen des faits, et plus on se fera une idée avantageuse du

Pérou ; plus aussi on formera des vœux ardents pour que l'influence de la civilisation européenne et le développement spontané du pays continuent, comme ils l'ont fait jusqu'ici, leur action harmonique et leurs bienfaits réciproques.

POISSY. — IMPRIMERIE ARBIEU.